Nous sommes les sœurs
Chloé et **Zoé**.
Nous adorons la compétition et la mode.
Basile nous fait craquer, mais chut, c'est un secret ! Voici nos chevaux : **Chili**, un étalon, et **Pepper**, une jument. Ils ont du caractère, comme nous !

Moi, c'est **Basile**.
Mes parents sont les propriétaires du ranch. J'adore m'occuper des chevaux, surtout d'**Apache**, mon mustang. Tous les deux, nous avons un petit côté rebelle.

Je m'appelle **Scoup**, et je suis le plus sage des animaux du ranch. Je veille à ce que tout se passe bien à Horseland.

Moi, c'est **Lili**.
Je suis un tout jeune cochon et j'adore apprendre plein de choses sur la vie !

Je suis **Carlotta**, une chatte angora. J'adore les disputes ! On dit que je suis hautaine, mais en fait j'ai un cœur en or.

Texte : Christelle Chatel
Direction éditoriale : Christophe Savouré
Édition : Sarah Millet
Conception graphique : Studio Mango
Maquette : Mélanie Combes
Fabrication : Thierry Dubus et Florence Bellot

Achevé d'imprimer en février 2010 par Gruppo Editoriale Zanardi (Italie)

Dépôt légal : mars 2010
ISBN : 978 2 7404 2684 5
MDS : 60291

HORSELAND

L'équitation western

Adaptation de Christelle Chatel

MANGO *JEUNESSE*

Quelle belle journée ! Il fait un temps idéal pour aller s'entraîner à la carrière. Dans les écuries, tous les pensionnaires du ranch sont occupés, leur étrille à la main, à brosser les poils de leurs chevaux.

Comme d'habitude, Zoé et Chloé restent assises et brossent… leurs cheveux ! Rosa voudrait faire profiter ses amis de sa passionnante lecture.

— Mon livre parle de chevaux célèbres. Un étalon palomino nommé Gachette était monté par un cow-boy très connu. Ils ont même tourné des films ensemble !

— Cela tombe très bien que tu parles de cow-boys, Rosa, annonce Fred.

Tous les élèves tournent la tête vers leur moniteur préféré.

— Aujourd'hui, j'ai décidé de vous apprendre les bases de l'équitation western.

— Applaudissez le célèbre cow-boy d'Horseland ! s'écrie Rosa.

Fred leur explique qu'il va organiser un concours pour sélectionner celui ou celle qui représentera Horseland au championnat d'équitation western. Il a apporté une drôle de selle.

— Quelle est cette horreur ? demande Chloé.

— C'est la selle utilisée pour l'équitation western. Elle est plus large et plus lourde que vos selles classiques, répond Fred. Les cow-boys passaient de longues heures à cheval, et ils avaient besoin d'être assis confortablement. La selle classique permet en revanche d'avoir un meilleur contact avec son cheval.

— Eh bien moi, j'aime être en contact avec mon cheval ! intervient Chloé.

— Tu es proche de ton cheval, sauf quand il s'agit de nettoyer son box ! rétorque Marie.

Cette remarque fait rire tout le monde.

— En tout cas, je ne participerai jamais à ce concours, affirme Chloé.

Et Zoé ajoute :

— Moi non plus. Je déteste les cow-boys ! Leurs chapeaux sont ridicules.

Rosa, Marie et Sarah, au contraire, sont impatientes de commencer l'entraînement.

Le lendemain matin, les trois amies s'échauffent dans la carrière avant l'arrivée de Fred.

Sarah est préoccupée :

— Mes parents veulent me prêter un cheval de concours, parfait pour l'équitation western.

— Et alors ? Ce n'est pas grave, la rassure Marie.

— Je ne veux pas être avantagée par rapport aux autres élèves. Et puis, j'aurais l'impression de trahir Scarlet, explique la cavalière.

Voilà Fred ! Avec ses bottes, son chapeau et sa chemise de cow-boy, il a vraiment fière allure.

— Prêts pour l'entraînement ?

Rosa est enchantée par ce concours. Elle a dévoré un livre sur l'équitation western et sait répondre à toutes les questions de Fred.

— N'oubliez jamais les deux principes de base : il faut tenir les rênes avec une seule main et pousser votre cheval dans la direction voulue, tout en douceur… rappelle-t-il.

Comme toujours, Rosa est partante pour essayer la première. Mais elle a du mal à trouver la bonne position. Sarah n'est pas très à l'aise non plus. Puis vient le tour de Marie.

— Bravo ! Tu te débrouilles très bien pour une fille de la ville. Ta jument est faite pour l'équitation western ! la félicite Fred.

Basile, lui, fait le malin.

— Hi ha ! Lâchez les taureaux ! J'arrive avec mon lasso !

Mais Apache n'apprécie pas la manière dont son cavalier le dirige, et il se met à hennir.

— Oh ! Je vais tomber ! s'exclame Basile en rattrapant ses rênes de justesse.

Les filles rient en constatant que leur ami s'est vanté un peu vite.

Quelques minutes plus tard, dans les écuries, Sarah tente de lui faire retrouver son sourire :

— Il faut juste que tu travailles un peu plus.

— C'est toi le meilleur, ne t'en fais pas ! ajoute Marie.

Fred dit au revoir à ses élèves.

— Ah, j'oubliais ! Chris Alter sera l'un des juges de la compétition.

— Chris Alter ! répètent en chœur Rosa, Marie, Sarah et Basile. Le chanteur des Arcs-en-ciel !

— Malheureusement, il n'y a qu'une place pour représenter Horseland au championnat, rappelle Sarah. Seul l'un d'entre nous pourra le rencontrer.

Le lendemain matin, la limousine du père de Sarah arrive dans la cour du ranch. Leur amie fait descendre de la remorque un magnifique cheval. Rosa accourt.

— Oh ! C'est un Quarter Horse ! Une race spécialement élevée pour l'équitation western.

— Mes parents veulent absolument que je le monte pendant quelques jours, explique Sarah.

Basile est furieux.

— C'est injuste que tu aies un tel avantage sur nous pour la compétition !

— Je suis d'accord avec toi, avoue Sarah, très gênée.

— Sois bon joueur, Basile. Moi, je suis contente pour elle, dit Rosa.

Basile lui rappelle qu'une rencontre avec Chris Alter est en jeu. C'est le chanteur préféré de Rosa, et elle se rend compte que l'arrivée de ce nouveau cheval risque de lui faire perdre sa chance de le voir.

À l'heure du cours d'équitation western, Rosa, Marie et Basile sont rejoints par Sarah et… Scarlet !

— Tu ne t'entraînes pas avec le Quarter Horse ? demande Basile.

— C'était impossible de monter un autre cheval que Scarlet.

Rosa et Panache sont en pleine démonstration, mais la cavalière a du mal à garder l'équilibre.

Marie ne peut pas s'empêcher de se moquer :

— Tu as toutes les chances d'être sélectionnée, comme clown dans un cirque !

— Allez, Marie, montre-nous de quoi tu es capable ! propose Fred.

Elle tient les rênes d'une seule main et dirige Calypso comme un vrai cow-boy. Fred la félicite :

— Avec ta jument, vous serez bientôt plus douées que Tango et moi !

Marie ne peut pas s'empêcher de se vanter. Rosa et Sarah lui rappellent qu'elle est juste favorisée par son cheval.

— Soyez bonnes joueuses, les filles ! les calme Basile.

Tiens, tiens, j'ai déjà entendu cela quelque part...

Je n'aime pas du tout l'ambiance qui règne au réfectoire. À table, tous les prétextes sont bons pour se disputer.

— Rosa, c'est très impoli de lire devant nous ! se plaint Sarah.

— Je voudrais bien vous parler de mon livre, mais vous ne pourrez pas vous empêcher de m'interrompre, rétorque Rosa.

— J'aimerais manger en paix, intervient Basile. Pour une fois, ce serait possible de vous arrêter de parler ?

Les filles protestent, évidemment.

Le jour des qualifications arrive enfin. Les concurrents ont tous revêtu leur tenue de cow-boy. Ils sont magnifiques ! Lili, Carlotta, et moi ne raterions le spectacle pour rien au monde. Zoé, elle, est ravie de voir les autres pensionnaires d'Horseland se chamailler.

— Vous allez voir de quoi je suis capable, les filles ! lance Basile.

— Grandis un peu ! rétorque Sarah.

S'ils continuent comme ça, ils vont se déconcentrer et commettre des erreurs…

Mais voilà qu'apparaît Chloé, en tenue d'équitation western. Le plus étonnant, c'est qu'elle ne monte pas Chili !

— Quand j'ai appris que Chris Alter ferait partie du jury du championnat, j'ai demandé à mes parents de louer un Quarter Horse pour être la meilleure. Merci, Sarah, c'est le cheval dont tu n'as pas voulu !

Zoé s'emporte :

— Quelle menteuse ! Tu disais que tu étais à la bibliothèque, mais en fait tu as passé des heures à t'entraîner toute seule !

— Eh oui ! Je n'en reviens pas que tu m'aies crue si facilement ! rit Chloé.

— Avec Pepper, nous allons te montrer de quoi nous sommes capables !

C'est parti pour une nouvelle dispute entre les deux sœurs ! Carlotta est ravie.

Fred rappelle tout le monde à l'ordre. Il est temps de débuter les épreuves.

— Vous devrez guider vos chevaux à travers différents obstacles. Surtout, ne prenez aucun risque. Allez, Sarah, tu commences !

Sarah doit ouvrir le loquet d'une porte, la franchir et la refermer. Ensuite, c'est au tour de Rosa. Elle doit ramasser un sac de toile. Tout ça à dos de cheval ! Ce n'est pas évident…Marie se concentre. Avec Calypso, elles doivent marcher à reculons entre des drapeaux. Elles se débrouillent très bien.

Même Basile a fait beaucoup de progrès.

Chloé, elle, réussit à ramasser une veste déposée sur le sol et à l'enfiler en pleine course.

— Whaou ! C'est génial ! applaudit Lili.

Zoé ne compte pas laisser sa sœur gagner. Mais à l'épreuve de la marche à reculons, Pepper ne comprend pas ce que veut sa cavalière. Fred intervient :

— Tu ne peux pas forcer ton cheval à faire un exercice qu'il ne connaît pas.

Sa sœur s'amuse à la narguer :

— Sois réaliste ! Tu ne me battras pas !

Les épreuves reprennent. Sarah en profite pour interpeller Basile.

— Tu veux me déconcentrer ? s'énerve-t-il.

Sarah répond calmement :

— Non, je veux juste te souhaiter bonne chance. Et pense à garder ta main libre vers le bas du corps.

Basile s'étonne que la cavalière lui donne un conseil : ils sont en compétition !

Marie et Rosa se rapprochent.

— Vous n'avez pas trouvé lamentable la façon dont Zoé et Chloé se sont disputées ? leur demande Sarah. Depuis des semaines, nous avons oublié que nous étions amis. Cela me rend malheureuse parce que vous comptez pour moi autant que des frères et sœurs.

— Tu as raison, Sarah. Notre amitié est bien plus importante qu'un concours hippique ou un chanteur de rock, approuve Marie.

— Je regrette toutes les phrases méchantes que j'ai pu vous dire, s'excuse Rosa.

Chloé jubile.

— Vous allez tous abandonner ? demande-t-elle.

— C'est hors de question ! Basile, montre-lui que tu es un champion ! l'encourage Sarah.

— Oui, vas-y Basile ! s'écrient Rosa et Marie.

Nos jeunes pensionnaires sont vraiment étonnants. Ils s'appliquent jusqu'au bout dans les épreuves du concours. Chacun à leur tour, ils font faire des cercles à leurs chevaux. Même Carlotta est sous le charme.

Quelques heures plus tard, Fred vient annoncer les résultats.

— À la surprise générale, la gagnante est : Chloé !

Tout le monde applaudit.

— Tu as été fantastique ! la félicite Rosa.

— Bravo, c'est mérité, approuvent Marie et Sarah.

— Merci à tous !

Chloé s'apprête à faire un discours, mais les élèves ont déjà filé. Ils sont pressés de se retrouver… entre amis !

Le championnat a eu lieu et Chloé fait son grand retour à Horseland. Elle a l'air très déçue.

— J'ai perdu.

— Oh ! Je suis désolée, dit Sarah.

— En plus, Chris Alter est venu avec sa petite amie. Et il a joué de la musique country, c'était horrible !

Rosa, Marie, Sarah et Basile éclatent de rire.

— Nous, on adore la musique country ! Et si on allait écouter le CD de Chris Alter ? propose Basile.

Je suis ravi que cette compétition se termine sur une note joyeuse.

Musique, cow-boys !

HORSELAND
Retrouve tes amis
dans cette nouvelle
collection !
ALBUM DE POSTERS
COLORIAGES
LE CARNET DE SARAH
LES SECRETS DE
ALBUM D'AUTOCOLLANTS
ALBUM D'AUTOCOLLANTS
41 Autocollants
Bienvenue au ranch !
MANGO JEUNESSE

HORSELAND
Retrouve les aventures
de tes cavaliers préférés
en DVD VIDEO !
Le concours hippique
En liberté
L'équitation western
La blessure de Pepper
Rosa change de style
Une nouvelle amie
La princesse
Bienvenue au ranch !
Citel VIDEO
www.citelvideo.com
www.dvdhorseland.fr
COOKIE JAR

L'anatomie du cheval et

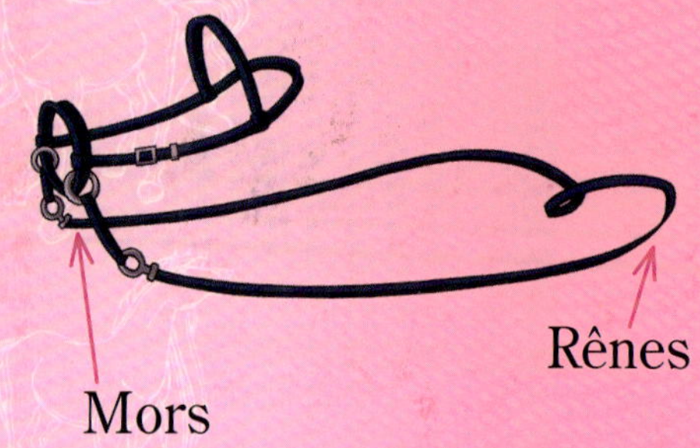

Le filet

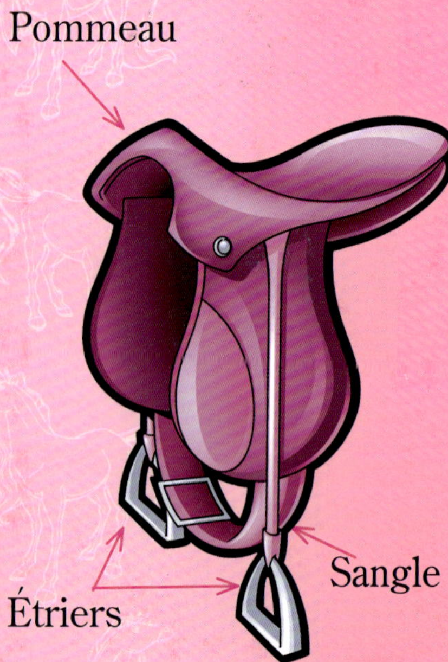

La selle

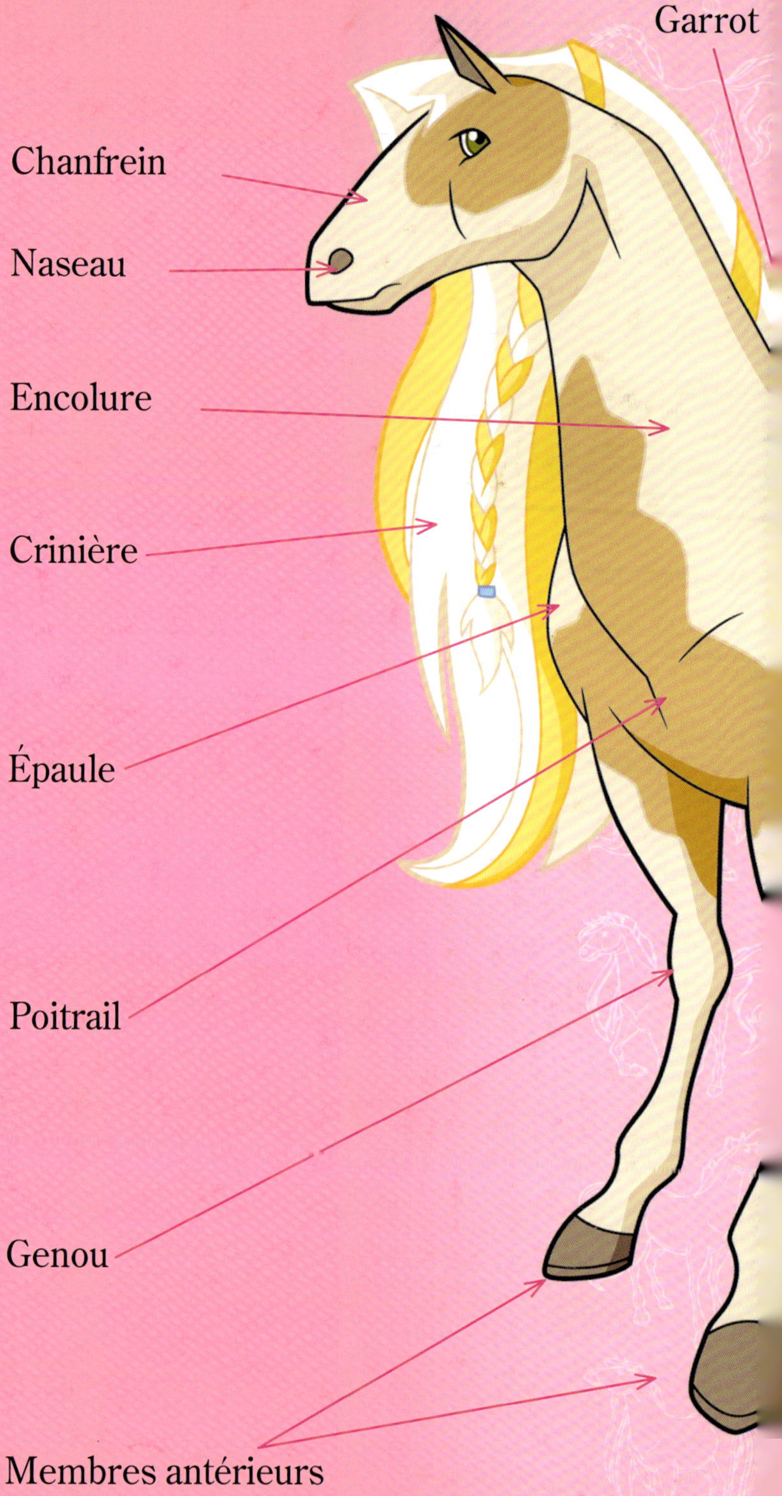